Dieses Buch gehört

Die Deutsche Bibliothek – CIP-Einheitsaufnahme

Die **Schöpfungsgeschichte für Kinder** / erzählt von Franz Hübner. Ill. von Brigitte Smith. – Augsburg : Pattloch, 1994
ISBN 3-629-00218-8
NE: Hübner, Franz; Smith, Brigitte

Gedruckt auf chlorfrei oder elementar chlorfrei gebleichtem Papier.

Pattloch Verlag, Augsburg

Satz: 16/18 P. Helvetica von Uhl + Massopust, Aalen
Druck und Bindung: Sebald Sachsendruck, Plauen
Printed in Germany
ISBN 3-629-00218-8

Die Schöpfungsgeschichte für Kinder

erzählt von Franz Hübner
illustriert von Brigitte Smith

Pattloch Verlag

Vor langer, langer Zeit hat sich der liebe Gott einen neuen Stern gewünscht.

Und es entstand ein großer runder Ball am Himmel.
Dieser Ball ist unsere Erde.

Der liebe Gott hat sich gefreut über seinen neuen Stern und hat ihm einen Nachbarn geschenkt: die Sonne.

Und seit dieser Zeit leuchtet die Sonne jeden Morgen zur Erde hinüber und wärmt sie mit ihren hellen Sonnenstrahlen.

In der Nacht steht der Mond am Himmel.
Auch ihn bringt die Sonne zum Leuchten.
Der liebe Gott schuf die Berge und Täler und verteilte lauter Wolken über dem Himmel – einen Teppich aus Wolken. Und er ließ den Wind durch die Lüfte pfeifen wie tausend lustige Flötenspieler.

Und weil der liebe Gott gerade Lust dazu hatte,
ließ er es jetzt regnen.
Mit der Zeit füllten sich Seen und riesige Meere, und
durch Bäche und Flüsse sprudelte glasklares Wasser.

Dann malte der liebe Gott einen Blitz in den Himmel
und schickte einen gewaltigen Trommelwirbel
hinterher, das war der Donner.

Jetzt ruhte sich der liebe Gott eine Weile aus und erfreute sich an allem.
Und vor lauter Freude spannte er einen bunten Bogen quer über den ganzen Himmel – das war ein Regenbogen, ein wunderschöner Regenbogen.

Der liebe Gott klatschte vor Freude in die Hände und rief: „Ich will Bäume, bunte Blumen, sanfte Gräser und Büsche erschaffen.“

Da blühte das Land in herrlichen Farben, und der liebe Gott freute sich an den gelben Narzissen, den roten Äpfeln, dem lila Flieder, an den Birken, den Kastanienbäumen, den Pilzen und den kleinen Vergißmeinnicht . . . und an all den wunderschönen Pflanzen und Früchten dieser Erde.

Danach schuf der liebe Gott die Tiere. Da gab es ein Tier, das trug sein Haus auf dem Rücken spazieren – das war die Schnecke. Da gab es Giraffen mit ihren langen Hälsen, den Storch mit seinen Beinen wie Stelzen, den Hund, den Löwen, den Walfisch und piep – piep, die kleine Maus.

Und alles, alles, sah wunderbar aus.

Der liebe Gott freute sich über das, was er geschaffen hatte, setzte alles in Bewegung und gab ihm ein eigenes Leben.

Kommen und gehen,
auf und ab,
hell und dunkel,
warm und kalt,
laut und leise,
jung und alt.

Und alle waren zufrieden.
Der Schmetterling liebte die hellen Tage, die Fledermaus die dunklen Nächte, der Eisbär freute sich bei klirrender Kälte, und die Eidechse lag in der Sonnenhitze und lachte . . .

„Da fehlt noch etwas“, dachte der liebe Gott und überlegte eine Weile. „Ich hab’s!“ rief er, „ich wünsche mir Menschen, ich wünsche mir Freunde auf der Erde!“

Jeder Mensch war anders als die anderen: Ein Mann, der war sehr klein, hatte schmale Augen und gelbe Haut, ein anderer hatte Sommersprossen, war stark wie ein Bär und kräftig gebaut. Ein Mädchen hatte Kruselhaare, einen Jungen gab's, der trug einen Zopf, der eine hatte einen dicken Bauch, die andere einen runden Kopf.

Der liebe Gott freute sich und rief: „Jeder Mensch soll etwas Besonderes sein, ob schwarz, ob weiß, ob groß, ob klein!“

Dann bekam jeder Mensch einen Namen und durfte tun, was ihm gefiel: Der Mustafa träumte gern und war sehr schlau, der Antonio nahm sich die schöne Rosalina zur Frau. Die Mary spielte dem Johnny einen Streich, die Schien-tin wurde bald sehr reich. Die Natascha küßt den Hans, und die Tamara liebt den Franz.

Der liebe Gott freute sich, daß er unter den Menschen viele Freunde fand. Nach einer Weile spürte er, daß ihm immer noch etwas fehlte. „Ein klitzekleines, großes Etwas fehlt immer noch . . .“, dachte der liebe Gott und überlegte diesmal sehr lange, bis er darauf kam, was er noch vermißte: DICH!

Ja, dich, liebes Menschenkind, hat der liebe Gott auf dieser Erde noch vermißt. Und er hat dir alles geschenkt, was er bisher erschaffen hatte.
Der liebe Gott betrachtete dich in aller Ruhe und war froh, daß du genauso bist, wie du bist.

Zuletzt hat der liebe Gott jedem Menschen ein Stück von ihm selbst geschenkt. Weil er selbst so gerne lacht, hat er jedem Menschen sein Lachen geschenkt. Und daher kommt's, daß jedes Kind und jedermann, wenn er Lust hat, lachen kann.